VENTE DU JEUDI 15 DÉCEMBRE 1887

HÔTEL DROUOT, SALLE N° 8

BELLES TAPISSERIES

Meubles — Sièges

PORCELAINES — POTERIES

BRONZES

Émaux cloisonnés

ARMES — OBJETS VARI

EXPOSITION PUBLIQUE

LE MERCREDI 14 DÉCEMBRE 1887

Mᶜ PAUL CHEVALLIER | M. CHARLES MANNHEIM

COMMISSAIRE-PRISEUR | EXPERT

10, rue Grange-Batelière, 10. | 7, rue Saint-Georges, 7.

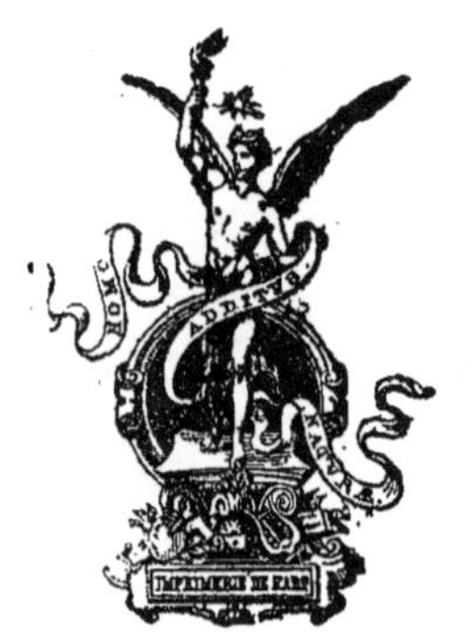

CATALOGUE

DES

BELLES TAPISSERIES

GOTHIQUES, RENAISSANCE, LOUIS XIV ET AUTRES

MEUBLES EN BOIS SCULPTÉ ET EN MARQUETERIE

Meuble de Salon couvert de tapisseries

Grandes Pièces en émail cloisonné de la Chine

BRONZES D'ART ET D'AMEUBLEMENT

Porcelaines et Poteries du Japon

Armes, Objets variés

DONT LA VENTE AURA LIEU

HOTEL DROUOT, SALLE N° 8

Le Jeudi 15 Décembre 1887

A DEUX HEURES

Mᵉ PAUL CHEVALLIER	M. CHARLES MANNHEIM
COMMISSAIRE-PRISEUR	EXPERT
10, rue de la Grange-Batelière, 10	7, rue Saint-Georges, 7

EXPOSITION PUBLIQUE

Le Mercredi 14 Décembre 1887, de 1 heure à 5 heures

CONDITIONS DE LA VENTE

Elle sera faite au comptant.

Les acquéreurs paieront, en sus des adjudications, *cinq pour cent* applicables aux frais.

L'exposition mettant le public à même de se rendre compte de l'état des objets, il ne sera admis aucune réclamation une fois l'adjudication prononcée.

Paris. — Imp. de l'Art, 41, rue de la Victoire.

DÉSIGNATION DES OBJETS

TAPISSERIES

1 — Curieuse tapisserie tissée d'or et d'argent du temps de François Ier, représentant des dames offrant des fleurs et des fruits à un seigneur portant un riche costume. Bordure à attributs sur fond rouge.

2 — Belle tapisserie de la fin du xve siècle, représentant le Triomphe d'un empereur escorté de dames en riches costumes. Bordure à ornements entrelacés de fleurs.

3 — Grand tableau en tapisserie Renaissance, composition de nombreux personnages.

4 — Belle tapisserie Louis XIV, rehaussée de parties tissées d'argent. Elle représente des figures allégoriques montées sur un cheval conduit par un amour. Belle bordure composée de fleurs et d'amours.

5 — Tapisserie du temps de Louis XIV, représentant une ronde d'enfants. Bordure de fleurs, fruits et rinceaux.

6 — Fine tapisserie-verdure, d'après Oudry, animée d'oiseaux. Bordure à palmes et fleurs.

7 — Tapisserie provenant de la même suite que celle qui précède.

8 — Grand tableau en tapisserie en partie tissée d'or et d'argent, représentant un enfant offrant des fleurs à une dame dans un parc.

9 — Petit panneau en tapisserie : vaches dans une prairie. Il est entouré de baguettes dorées.

10 — Feuille d'écran en ancienne tapisserie de Beauvais, représentant le Renard et le Bouc, entourés de guirlandes de roses dans des rinceaux. Encadrement doré.

11 — Feuille d'écran en tapisserie, sujet pastoral, avec encadrement en bois doré.

12 — Beau lambrequin en tapisserie de la Renaissance, composition de personnages ; au second plan, un paysage ; dans le bas, une frange.

13 — Petit coussin en tapisserie du xvie siècle, à personnages et encadrement de fleurs.

14 — Quatre lambrequins en velours ponceau, très richement brodés en or et argent, à larges rinceaux et fleurs. Ils présentent à leur centre un écusson armorié exécuté en soie et argent.

BRONZES

15 — Deux très grands oiseaux en bronze pour jardin. Travail japonais.

16 — Deux vases d'après l'antique en bronze, forme Médicis, à figures au pourtour.

17 — Deux flambeaux en bronze de style Louis XIV, à deux lumières.

18 — Canon français du xviie siècle.

19 — Pendule Louis XVI en bronze doré, modèle connu sous le nom de : la Liseuse. Le mouvement porte le nom de *Minet, à Paris,* et le cadran marque les quantièmes.

20 — Grande pendule en bronze doré attribuée à Thomire, et surmontée de deux figures bronzées.

21 — Deux grands socles en bronze, patine verte, ornés de modillons, et ayant servi de pieds de chenets.

22 — Deux grands chenets Louis XVI en bronze
doré avec frises, surmontés de deux lions bron-
zés.

23 — Deux chiens en bronze vert du temps de
Louis XV, sur socles rocaille.

24 — Deux petits vases ovoïdes Louis XVI, en
bronze doré au mat, avec culots et guirlandes
de fruits et de fleurs, très finement ciselés.

25 — Buste de bacchante en bronze, signé : *P. Gu-
mery, prix de Rome, 1833.*

26 — Vénus, statuette en bronze, patine rougeâtre.

ÉMAUX CLOISONNÉS

27 — Deux grands et beaux brûle-parfums en émail
cloisonné de la Chine, à panse sphérique sup-
portée par trois hérons debout.

28 — Deux très grands plats en émail cloisonné de
la Chine, couverts d'un riche décor.

PORCELAINES ET POTERIES

29 — Deux vases en poterie de Satzuma, à riche
décor de personnages. — Haut., 1 mètre.

30 — Vase japonais en terre cuite, à figures en
relief.

31 à 33 — Trois grands et beaux plats en porcelaine du Japon.

34 — Assiette en porcelaine tendre de Sèvres.

ARMES ET DIVERS

35 — Fusil Louis XIII avec monture incrustée de
nacre et d'ivoire gravés.

36 à 38 — Trois épées du xvie siècle, à larges
gardes.

39 — Deux bas-reliefs en ivoire, sujets religieux,
dans des cadres en écaille.

40 — Petit vitrail à sujets de la Renaissance, avec
armoiries au centre.

41 — Mandoline incrustée de nacre.

42 — Petit tableau russe en argent repoussé.

43 — Petit bas-relief ovale en argent repoussé.

44 — Jolie petite coupe en matière dure, montée

sur quatre colonnettes ; les anses, en argent
doré, sont terminées par des colombes.

45 — Petit socle rond en porphyre oriental, avec
tore de laurier en bronze.

46 — Socle carré en porphyre rouge de Suède.

47 — Deux socles du temps de Louis XVI, en
marbre et bronze doré.

48 — Ancien vase couvert en porphyre de belle
qualité.

49 — Petite pyramide Louis XVI en porphyre.

50 — Grande coupe ovale en marbre blanc du temps
de Louis XIV, offrant sur la face des bas-reliefs,
jeux d'enfants.

51 — Statue en marbre blanc, signée Ramus, et
représentant Judith.

MEUBLES

52 — Deux petits meubles hollandais en bois de
chêne sculpté, à deux portes, et décoré de
figures.

53 — Crédence en bois sculpté, de style Renaissance.

54 — Pendule Louis XIV en marqueterie d'écaille et cuivre, garnie de bronzes.

55 — Pendule analogue à celle qui précède.

56 — Petit meuble portugais et son pied en bois de chêne sculpté.

57 — Table à rallonges en chêne du temps de Louis XIII.

58 — Armoire de style Renaissance, en bois de chêne sculpté, à cinq portes.

59 — Petit meuble-bureau en marqueterie hollandaise.

60 — Traîneau hollandais en bois sculpté et peint.

61 — Deux petites tables à jeux en marqueterie hollandaise.

62 — Petit meuble Louis XIII en bois de chêne sculpté.

63 — Commode Louis XVI à deux tiroirs, en marqueterie de bois des îles, à losanges, garnie de ses bronzes du temps et à dessus de marbre.

64 — Belle commode Louis XVI, à trois tiroirs, en
bois d'acajou, avec encadrements en bronze et à
dessus de marbre. Elle est signée *Letellier*.

65 — Petit secrétaire en marqueterie, à losanges et
à dessus de marbre blanc.

66 — Bureau à cylindre de la fin du règne de Louis
XV; en bois de rose et marqueterie de fleurs et
attributs de musique au centre.

67 — Console du temps de Louis XVI, en bois
sculpté et doré, à quatre pieds et à dessus de
marbre.

68 — Petite table Louis XVI à pieds cannelés, en
acajou, et galerie en bronze doré.

69 — Deux anciennes encoignures de forme con-
tournée, en bois de rose et à dessus de marbre
brèche d'Alep.

70 — Cabinet de la fin du xvie siècle, incrusté
d'ivoire gravé, et présentant sur sa face des
portraits de souverains.

71 — Petit bureau-cabinet en bois de cèdre et
ivoire gravé, avec porte à abattant, de la fin du
xvie siècle.

72 — Petit cabinet de la fin du xvie siècle, en écaille

de l'Inde ; les écoinçons et les entrées de serrures sont formés d'émaux à fleurs ; des fleurs de lis d'argent décorent les côtés.

73 — Baromètre du temps de Louis XIV, dans son cadre en bois sculpté.

SIÈGES

74 — Meuble de salon du temps de Louis XVI, composé de douze fauteuils et un canapé en bois sculpté, couverts de tapisseries à fleurs.

75 — Quatre fauteuils Louis XIII, en bois de chêne sculpté, foncés en canne.

76 — Deux fauteuils de style Henri II, en bois de chêne sculpté.

77 — Six chaises en bois doré, couvertes en soie, de style Louis XVI.

78 — Stalle de style Renaissance, en bois de chêne sculpté.